博客：http://blog.sina.com.cn/bjwpcpsy
微博：http://weibo.com/wpcpsy

海灵格商业精英课

SUCCESS IN LIFE
THE HIDDEN POWER OF THE SYSTEM ARRANGEMENT

成功与生命

海灵格组织系统排列的隐秘力量

［德］伯特·海灵格（Bert Hellinger） /著
蔡凯文 /译

世界图书出版公司
北京·广州·上海·西安

图书在版编目（CIP）数据

成功与生命：海灵格组织系统排列的隐秘力量 /（德）伯特·海灵格（Bert Hellinger）著；蔡凯文译. —北京：世界图书出版有限公司北京分公司，2020.1（2025.4重印）
（海灵格商业精英课）

书名原文: Success in life: the hidden power of the system arrangement

ISBN 978-7-5192-6887-9

Ⅰ.①成… Ⅱ.①伯… ②蔡… Ⅲ.①成功心理—通俗读物 Ⅳ.①B848.4-49

中国版本图书馆CIP数据核字（2019）第232089号

书　　名	成功与生命：海灵格组织系统排列的隐秘力量 CHENGGONG YU SHENGMING
著　　者	［德］伯特·海灵格（Bert Hellinger）
译　　者	蔡凯文
责任编辑	王　洋
装帧设计	蔡　彬
出版发行	世界图书出版有限公司北京分公司
地　　址	北京市东城区朝内大街137号
邮　　编	100010
电　　话	010-64038355（发行）　64037380（客服）　64033507（总编室）
网　　址	http://www.wpcbj.com.cn
邮　　箱	wpcbjst@vip.163.com
销　　售	新华书店
印　　刷	三河市国英印务有限公司
开　　本	880mm×1230mm　1/16
印　　张	9.75
字　　数	100千字
版　　次	2020年1月第1版
印　　次	2025年4月第4次印刷
国际书号	ISBN 978-7-5192-6887-9
定　　价	46.00元

版权所有　翻印必究
（如发现印装质量问题，请与本公司联系调换）

通过这本书，我正在创造一个回忆，一个成功的回忆；

不是像熟悉的旧回忆般静止不动的，

这是领先的回忆，而且仍在持续进行中。

我心怀感激地记得那项服务是这样持续着的

——带着爱。

伯特·海灵格（Bert Hellinger）

中文版序

很高兴我的多本新作在中国出版了。

家族系统排列的理论和方法已经被许多华人治疗师应用到专业助人领域。通过这些专业助人者的运用，系统排列帮助许多人跨越了生命中的障碍，走向了快乐、成功的生活。

像是重新发现中国古老的智慧一样，许多华人惊奇地见证了系统排列的洞见带来的惊人结果，而这些洞见所遵循的路径与古代老子的《道德经》所描述的"道"竟是一样的，因此华人对系统排列有一种特别的熟悉感，就好像回到自己的家一样。

感谢所有让这些书成功出版的贡献者与参与人员,包括在中国(包括台湾地区和香港地区)、马来西亚、新加坡,所有这些开疆辟土、带领系统排列发展、让许多人受益的先驱者,我真诚地尊敬和感谢你们的所有努力。

伯特·海灵格(Bert Hellinger)

导 言

    我们常会把家庭、个人成就、人际关系与工作领域、工作成就及职场关系区分开来，就好像我们可以或允许把它们区分开来。然而，成功与失败、幸与不幸仍遵循着相同的法则，生活与爱情也遵循一样的法则与规律。

    一开始，家族系统排列（以下简称"系统排列"）主要被运用于个人关系层面。它通过关系的成功与失败揭露了爱的基本序位。

    当我开始探讨成功与失败的法则，并且将其延伸至企业和组织上时，显而易见的是，它们也遵循同样的规律。

在这本书中，我将继续前面的观察，在所有的关系与日常生活中，介绍内在的态度如何帮助我们迈向成功之路。我们的境遇局限在生命早期那几年，将对个人的人际关系以及目前的工作产生深远的影响。在本书中，我将带领大家朝这个方向前进，从而为大家开启一扇窗，去迎接不可能的成功。

将系统排列运用在企业与专业工作上，只有在目前的新取向系统排列的形式上才可能实现。这些洞见带领我到达了昔日无法到达的境界，它超越了我们仍然停留在孩提时期的意识界线——这样的意识界线是阻挡成功的界线，即使我们还不太了解它。

如果你想了解更多关于系统排列如何运用于企业与专业领域的知识，了解我在引导过程中的发现和见解，那么，这个系列的另一本书《成功的秘密——海灵格组织系统排列的隐秘力量》将会很适合你。该书通过许多国家的实际案例，描述了系统排列在事业、工作以及生活上的运用，使这些案例变得更容易理解且一目了然。一旦了解了这些案例，我们便可以开始内化这里所描述的基本的成功法则。

目录
Contents

成功的生命 / 001

我们的位置 / 013

改变 / 017

犯错 / 023

处理损失 / 029

徒劳无功 / 035

会合点 / 041

偏见——刻板印象 / 047

当下 / 055

良知的偏见 / 061

集中 / 087

随着时间脉动 / 093

奇迹 / 101

超乎想象 / 105

光 / 109

我们的骄傲和喜悦 / 113

现在 / 119

损失 / 123

圆满 / 127

向成功敞开 / 131

参与 / 137

圆 / 141

成功的生命

我们必须迈向成功,而不是等待成功走向我们。

出生

在我们的生命中，最首要也最关键的成功，就是"出生"。我们必须通过自己的努力挤出产道、迎向阳光，不受外界的干预，这是最重要且具支持性的成功。在这里，我们必须证明自己有强大的能力来捍卫自己。而成功地诞生在这个世界，将持续支持我们一辈子。通过这个经验，我们将获得力量，日后也能不断地成功捍卫我们自己。

是我扯得太远了吗？要具备什么样的专业能力才能够获得这样的经验呢？往后人生中的成功真的就依赖首次成功到这种程度吗？

通过剖宫产手术出生的人，或必须借助医疗钳子的帮助出生的人，在孩提及成人时期的表现如何？如果是早产儿，或许他们需要在保温箱内待几个星期甚至几个月，他们的自立与自信的状况又如何呢？

当然，这种早期经验所带来的影响，其中的一些在日后是可以被克服的。就像我们仍然可以从我们在生命中所面临的困难或身负的重担中获得某些力量。

即便我们了解了早期经验的本质，还是会有某些局限，而那将成为我们必须面对的挑战。我们或许可以弥补曾经的失落，或用其他方式重新拾回那些失去的，而这些方式经常是以帮助他人的方式呈现的。

接受母亲

出生之后，下一个具有决定性的成功的关键，是朝向母亲的移动。现在，她在我们眼前了，正是她将我们迎入怀中，喂养我们。这一次是在她的体外，我们必须依赖她的奶水来维持生命。

而为了日后成功的人生与事业，我们必须具备什么样的特质？

要接受母亲宛如我们生命的源泉，一切事物都源于她；我们接受自己的存在，那表示我们也接受我们的母亲；也因此，我们才能接受我们的生命是完整的。

这样的接受是具有主动性的。我们必须努力吸吮才能喝到奶水；为了让母亲出现，我们必须哭喊；在她给予奶水时，我们必须表现出喜悦。通过她的喂养，我们日渐成长、丰盛。

在日后的生命中我们可以看见，那些完全成功地接受母亲的人，变得既成功又快乐。因为我们与母亲的关系，反映了我们对待生命的态度，当然也包括我们对待工作的态度。在某种程度上，如果我们拒绝母亲，就是在拒绝生命和工作；同样地，我们的生命和工作也会拒绝我们。

同样地，有些人很喜欢他们的母亲，同时也享受他们的生命和工作，恰好是因为他们的母亲成功地给予了他们源源不绝的爱，也因此，他们的生命和工作得以获得同等程度的成功。

那些对母亲有异议的人，同样也对他们的生命和幸福有异议。只是因为母亲的爱退缩了，导致了他们对生命的抗议和拒绝，因此他们的生命和成功也退缩了。所以，我们的成功要从哪里开始呢？从我们的母亲开始！

我们如何才能够成功呢？当母亲欢迎我们的到来，而我们也以她是我们的母亲为荣的时候，成功自然就来了。

朝向母亲移动

对很多人来说，他们早期有过朝向母亲移动时受阻碍的经验。譬如，有的人很小就离开母亲；有的人小时候也许曾被送走一阵子，可能是因为母亲生病，或者自己生病，所以母亲无法去探望他们。因此，这种经验将会对我们的感觉和行为产生根深蒂固的影响。我们这么需要这个人却无法和她在一起的绝望，使我们经历了分离的痛苦、经受了失去母亲的感觉。于是，我们的内在做出决定，比如"我放弃了""我是孤独的""我要和她保持距离"，或者"我不想见到她"。

之后，当孩子和母亲再相聚时，孩子经常会刻意地和母亲保持距离。他也许不让母亲碰自己，拒绝母亲和母亲的爱，母亲只能徒劳无功地等待。她可能曾试图亲近孩子，将他拥入怀中，但孩子的内在却不断地抗拒，且经常表现出抗拒。

中断朝向母亲移动的后果

干扰在生命早期朝向母亲的移动，对日后的人生和成功将造成严重的后果。例如，往后孩子在与人生中的合作伙伴互动时，他们的身体将会带着早期分离的创伤经验。他们在人际关系上会因此暂停行动，不会主动和别人交往，而是等待别人来找他们。而通常当别人主动来找他们时，他们又很难忍受这种过于亲密的关系。他们会以另一种方式来拒绝别人，而不是高兴地欢迎别人。这种情形让他们很痛苦，但是他们在对待别人时仍然会持保留的态度，所以关系往往只会维持很短暂的时间。

这些人和自己的孩子也会有类似的体验。孩子如果太黏人，他们就会很困扰。

要如何解决这种创伤呢？在哪里跌倒，就在哪里站起来。事实上，每一段创伤后面都有人必须面对的处境。然而，这是一段很难应付的境遇，我们经常深陷其中，无法走出时间的伤痛。

到底如何解决这种创伤及惊吓呢？在我们的感觉和记忆中，尽管我们害怕回到痛苦的情境，但我们仍需要在现实中勇敢地处理当初无法面对的事情，重新开始被中断的动作，朝我们之前渴望的方向前进。

儿时朝向母亲的移动被中断，到底意味着什么呢？

回到很久以前的那个情境，让我们再次成为昔日的孩子，像当初那样看着母亲。当初的痛苦、沮丧及愤怒，虽然仍隐隐作痛，但是我们必须带着爱，朝她跨出一小步。停下来，看着她的眼睛，鼓起勇气，踏出小小的一步。

再停下脚步，有意识地感受内在的知觉，为了自己和母亲，用爱忍受这一切。接着，勇敢地踏出下一步。慢慢地，一小步接着一小步，直到走到母亲的臂弯里，抛开一切阻力，投入她的怀抱中，用力地给她一个拥抱。终于又和母亲相会了，带着孩提时的爱，不再让她或我们离开。感觉母亲的爱从未离开过我们，完整地再和她在一起。

然后，我们在这里，以同样内在的移动，试着走向挚爱的伴侣。注视伴侣的双眼，朝伴侣踏出一小步，而不是等待对方来找我们。过一会儿，待我们聚集了足够的安全感，向前移动另一只脚。慢慢地，一小步接着一小步，慢慢地找回自信，一步步，向前走。最后，将我们所爱的人拥进怀里。静静地，持续朝向爱人做这个动作，让我们的身体和灵魂愈来愈深入彼此。天长日久，幸福地、持续地这样做。

朝向成功移动

如果在生命早期朝向母亲的移动被中断，那么它将对我们日后在工作、专业、事业上的成功产生决定性的影响。在此，更重要的是我们必须迈向成功，而不是等待成功走向我们。举个例子来说，我们经常想不劳而获，自己不想做的就想推给别人做；或者我们宁肯撤退也不愿意快乐地走向人群或开始工作。其实，每一种成功的后面都有母亲的面孔。

在此，我们学着通过内在的移动来面对成功和其他人，以意志来完成某些事情，为一切做好准备，而不是犹豫不决、原地不动地等待别人来找我们。

一步一步地，走向他们，走向成功，每走一步，我们都能感受到母亲深情地跟在我们后面。在她亲密的相伴下，我们装备齐全地迈向成功。成功就在眼前。就好像我们设法和母亲重聚，开始是走向母亲，而现在是走向成功。

亲切地朝向他人

从现在开始，我们在心中亲切地朝向他人。一旦我们成功地朝向母亲，朝向他人就会变得容易。

到底是什么阻碍了我们朝向母亲的移动，或者早期是什么中断了这个移动？它所产生的结果是，与其用爱及敬重朝向别人和自己，不如转身离开。逃离，成为我们在人际关系方面，内在与外显的基本动作。

如何将逃离这个动作转变成朝向我们的人生、朝向其他人、朝向成功的移动，进而踏上幸福之路？我建议通过内在锻炼来达成这个目标。借由这种锻炼，你可以在你的身体内觉察到这种内在移动。首先转向它，然后把它转换成一个全方位的移动。

练习

1. 抬头挺胸地坐在椅子的边缘，深呼吸，用鼻子吸气，然后用嘴深深地吐气。眼睛保持睁开，重复这个动作两次。接着闭上眼睛，以正常的方式呼吸。把手放在大腿边，手掌向上张开。

2. 慢慢地，把我们的手臂向前伸直，向前一点，再向前，向前伸到某个地方。维持抬头挺胸的坐姿，感觉我们的背变得更挺，好像我们的手臂在不断地向前延伸。在我们的内心，我们的双手仿佛在伸向我们的母亲。

3. 保持这个姿势，开始了解我们的人生。在很多方面，我们经常以讨厌别人的方式来取代接近别人。保持这种姿势，即使暂时保持静止对我们来说很困难。移动我们的手臂，把打开的双手再向前延伸，同时保持背部挺直。

4. 慢慢地、轻轻地睁开眼睛。不要动，用眼睛感受周围的一切。然后朝每个方向转动，转向前方，甚至转向后方看看。

5. 同时用耳朵感受周围的一切。张开耳朵，准备好，主动听取别人想要我们知道的一切。和很多人一起体验自己转向母亲的经验，以爱和自信与他们相处。

6. 再做三个深呼吸。先是吐气，然后吸气，然后再吐气三次。保持抬头挺胸的坐姿，背要完全挺直，微微地向前倾。

  7. 突然，感觉到与他人不同的联结，睁大眼睛。随即打开我们的耳朵，觉得自己转向不同的方向，通过我们的专业、事业，把那些联结起来。

现在，我们的成功发生了什么变化呢？我们是否仍然保持等待呢？我们的喜悦和幸福会发生什么变化呢？它们也转向了我们，就像我们的母亲一样。

我们的位置

我们必须保住自己的位置,并且有意识地保护它。

当我们跟许多人紧紧相连时，位置就有其意义。就我们自己而言，没有任何人拥有位置。我们与许多人是紧紧相连的。当有人占据了我们的位置时，我们会与人争执。而大家彼此间要如何沟通？如何接受？如何给予？当有人占据了我们的位置而且拒绝让出来，甚至要求占据更大的位置时，我们就会想要交换位置。这时就会有竞争，这也代表彼此处于一种紧张的关系之中。

　　最终，竞争是为了更好的位置，人在更好的位置上才能生存下去。同时，虽然我们不敢真的面对，但事实上，争夺位置是一个与生死存亡有关的问题。

　　生命之所以可以延续，是因为有些生命离开了，而且必须离开。在生命中，我们想要确定自己真的拥有自己的位置。只要这个位置是属于我们的，我们就有自己的生活。当我们取代别人的位置时，我们就是在追求别人的生活。当我们不再取代别人的位置时，也就是不再以他们的生活方式生活。成功的关系在于共同分享位置。我们和别人分享我们的位置，同时，他们也和我们分享他们的位置。虽然每个人放弃了一部分他或她的位置，却也从对方那里取得了一部分位置。这样，我们就一起占用了大一点的空间。通过共同分享，我们扩大了个人的使用空间。

　　在我们的人际关系中，有很多提及位置的议题。我们必须保住自己的位置，并且有意识地保护它，同时也和别人一起占有较大的位置，并且守护这一切。虽然共同空间的范围被扩大了，但是只要超过这个范围，我们就要再与他人协商。现存的每件事，都曾致力于不断扩展领域、实践成功。与许多人同在，就是处于一个最佳的守护位置和安全位置。它超越了个人的生死存亡，它关系到许多人的生命和生存，也与圆满的、富足的人生和成功有关。

改变

一开始，我们就需要为我们的一切努力设定变量——为了施与受，也为了长久的成功。

我们可以做出一些改变，在整体上规划出一些新的东西。我们可以改变周围的家具，让它们以更融入空间的方式来满足我们的需求。

改变也意味着重新排列我们的内在，让自己适应新的东西。我们可以重新安排自己，迎接新的挑战或完成不同的目标，或者朝另一个方向发展。

有了这个改变，我们就可以改进、调整新的形势，好好准备以迎接挑战，为自己和自己的事业争取更好的起点，改善我们的机会，共创美好未来。

在这个意义上，生活是不断变化、调整的——不断调整自己，以适应新的环境。就我们根深蒂固的信念而言，这是一个不同的问题。例如，什么是对的，什么是错的，什么是被允许的，什么是不被允许的，什么是令人满意的，什么又是令人质疑的，我们对这些都有特定的道德准则或共同的信念。

这些根深蒂固、毫无疑问的信念彼此之间的关系非常密切。在这里，我问自己：我怎样做，才能确保自己归属于这个团体？为了我，也为了我个人的生存，我必须与他们分享哪些意见？这些信念的分享中，哪些是私人的行为？哪些是公共的行为？我做什么可能不会因为危险而受到排斥？我必须做什么才能继续归属于这个团体？

我们常常违背团体的信念和期望，这将造成许多伤害，包括对我们自己的。举例来说，战争就是一个严重的后果。当然，商场上的战争可能局限在一个范围内，也可能波及全世界。

在这里，致力于通过心灵修炼来重整自己，是一种心灵上的成就，甚至是至上的成就，这决定了许多事物的成功或失败。

而我们该如何成功地完成内在的转化呢？我们可以成功地通过新的、具有创造性的思维来完成。即使在面对很大的内在、外在障碍时，也鼓起勇气追随它。

如何为企业调整基本方向？这需要重新审视企业的焦点。

那么有几个基本问题：为谁做？他们的需求是否被满足？他们的服务是否需要改善？他们的产品、研究和未来的发展是否可以帮助大众？他们是否优先为多数人在生活上的基本需求提供帮助？他们的产品和所做的广告是否有利于大众的福利？他们的产品是否安全？在企业中，金钱扮演着什么样的角色？利润呢？谁拥有经济利益？这笔钱是否被运用在生活上？是否被留给了那些努力付出的人？

决定性的调整在这方面也一样根植于我们的生活——要怎么收获，就怎么耕耘。我们从生活中取用的，真的就是生活给我们的吗？我们在那里拿够了，真的就会不再去取用吗？

在这里，一开始，我们就需要为我们的一切努力设定变量——为了施与受，也为了长久的成功。

在这种情况下，没有必要改变。在这里，一切都是对的。上述一切，都是爱的需求——人们通过需求致富，尽一切努力，为所有生命提供生活及基础的需求。

犯错

当我们接受错误及它所造成的后果时，我们就会成为在另一种爱的和谐中成长的人类。

当我们犯下一个严重的错误时（例如从别人的损失中获得利益），我们担心的是不法交易被发现，而这可能会危及我们的生活和事业。有时候，我们甚至会因为别人的错误行为，必须背负其导致的严重后果。突然间，个人和事业的命运，不再掌握在我们自己的手中。我们暴露在决定我们福祉与苦难的权力之下，那决定了我们的生存。

　　而陷入别人的错误，事实上或许是另一种后果。我们个人所犯下的错误可能会在某种程度上决定他人的命运或导致他人的痛苦。可能是因为我们做错了事情，却觉得自己是对的，反而责怪别人，让别人去承担后果。现在，如果我们犯下错误而害怕承担后果，那么我们会跟别人一样吗？突然间，我们所犯的错误，让我们变得都一样了。

我们如何获得力量来面对后果？我们现在所犯下的错误或许也会带来好的部分，而那不只对我们和我们个人的前途而言是好的。如果有好的结果，我们如何才能获得力量，如何才能为别人带来好的结果？

我们在企业与组织方面的错误，通常与过往的个人缺点或人际互动有关，而与我们的命运有牵连和纠葛的其他人也是一样。这也是为什么我们个人与企业会发生一些令人难以理解的误会。我们的心灵通过这些错误与过往的经验再度联结，或相反地，这些经验也让我们能够看到这些错误。

是谁真的想要引起我们的注意呢？是另一种力量。它平等地指导着我们，对每个人付出同等的爱。通过我们的错误，它纠正了一些更深层的东西。在我们的错误及后果中，这股力量引起我们的关注。它引导我们走出错误。如果我们能进入这股力量并与之融合，它将会如其所是地爱所有人、所有事。

我们如何才能与这股力量融合呢？我们要放下恐惧，把自己交给这股力量的引导，无论它关注的是现在的错误还是后果，或者是早期我们或他人在家里所犯的错误。通过这些错误，我们站在了人类愿意分享命运的道路上。无论我们犯下的是什么错误，它都服务了其他人的成功，即便要付出很大代价。当我们接受错误及它所造成的后果时，我们就会成为在另一种爱的和谐——无论这股力量是通过痛苦、疗愈、无力感的形式还是通过其他形式来呈现，也无论其结果如何——中成长的人类。带着这股力量跟随资源的引导，使我们的心灵合一。

处理损失

我们心甘情愿地付出代价,我们允许将一部分代价算在我们的利润中。

当我们失去对我们极为重要的东西时，我们会感到难过，这种损失将成为我们生命中的一部分。有时候，我们失去的是很大的包袱。如果这些包袱对我们或其他人完全没有任何益处，这种损失反而让我们得以解脱，我们很高兴可以摆脱失去的这一切。

当危机出现，威胁到生计或生命安全时，我们会升起保护网，以此来对抗失败、避开损失，并努力处理问题。如果内部的资源不足以支持我们，我们就会向外寻求别人的支援。若是缺乏外界支持，我们便会回头寻找内部支持。也许我们会领悟到，某些我们忽略的部分可能会造成别人的损失或使别人受伤。突然间，通过不同的角度，我们看到了自己的失败。

我们在别人所付出的代价下存活，其他人也因为我们曾付出了代价——而且是极大的代价——而存活下来。因为觉察到了这一点——我们所付出的代价都是为了服务所有人的生命——所以生命变成了获得，而非失去。

在我们的人生中，我们也许会失去一条腿、遭受一些持久性的伤害、失去平衡能力或丧失视力，我们可能会因此而丧失希望，但是我们一定可以扛住命运的一切打击，就像我们通过失去挚爱的人来面对死亡。

当我们自不量力、高估自己的能力、做的事情太超过满足我们和其他人的生活所需时，我们的事业可能就会遭受损失。我们失去一些东西，也应该保留一些东西给更多人，以便为人们（包括我们和其他人）提供更好的社会福利。然后，我们必须重新建立施与受的秩序，建立人类友好的精神（无论在人与人的亲密关系之中，还是在更大的公共区域关系之中）。

在一定的范围内维持秩序，可以让我们免受侵犯，避免承担亏损。在这里，大家一起努力，促进整体的利益，而社会也同样受益。

还有由其他损失带来的消耗，它们也在强迫我们进行修补工作。有些东西被消耗，有些则被新的东西取代。这些损失迫使我们不断更新，就像生命持续成长一样。我们心甘情愿地付出代价，我们允许将一部分代价算在我们的利润中。

我们付出的代价可能是我们的生活、我们的幸福，甚至我们的生命。我们到底要如何处理危及生命的损失呢？保留我们可以留住的，就不要再为其他的感到难过了，让它去吧！为了解放自己、获得自由，我们对待其他每件事情的态度也应如此。在我们的位置上，如是地面对这一切，直到结束的那一天。

我们因此超越了得与失，进入另一种境界，进入精神的领域。同样地，每件事——包括我们的损失——都拥有它的权力。

徒劳无功

为努力和成就而心怀感谢,绝不会徒劳无功。

徒劳，就是让你无路可走，它是不值得你去努力的。通常，人们所预知的终将被证明是徒劳无功的。徒劳无功意味着无意义，意味着期望很大却没什么结果。这真是浪费时间和精力！徒劳无功的事情经常是既喧闹又夸张的，就像无壳的种子一样。

　　但是，从来没有任何服务是徒劳无功的，就像"爱"将孩子带到这世界上来，成就了世上最大的可能性，这一点儿都不夸张。而当生命到了尽头时，又有什么是比孩子更能够为延续生命提供服务的呢？

　　若无法将梦想转化为现实，努力就会变得徒劳无功；但无论如何，只要持续努力，绝没有白费功夫的事，只要坚持到底、克服障碍，终究能达成目标。就人类生活的长远目标而言，这是特别真实的成就。虽然在这个过程中的很多事情似乎是白费功夫，但那是因为那些事情需要一些时间来完成，坚持下去才是正确且必要的决定。因此，就长远眼光来看，若只是追求短暂的成功，终究会失败且徒劳无功。

为努力和成就而心怀感谢，绝不会徒劳无功。只有这样努力下去，才会达到最后的成功。耐心等待，也绝不是徒劳无功的事情——有些东西需要一些时间才会开花结果，就像园丁耐心地灌溉植物。对每件事物，我们都需要耐心等待才会发现它的成长。

所有好高骛远的事，过了一段时间后都会显露出它的无力，最终将会落地，回归尘土。

我们应如何避免徒劳无功的努力？在我们可忍受的范围内保持谦虚，然后慢慢地扩大范围，以达到我们想要达到的目标，并进一步发掘我们原有的潜力。如果我们可以提供帮助、提供令人期待的服务，努力就不会变成白费力气。

我们因此能够预见我们是否会白费功夫。若不愿承认事情的真相，那才是真的白费功夫。显然，当我们看着某样东西时，我们会立即明白它会迎向未来还是会回避未来。所有以自我为中心的人都将徒劳无功，有谁会愿意给予他们支持呢？

担心接下来的生活也是徒劳的。所有的事物经过一段时间便过时了，对新事物而言，旧事物可有可无。所有过往的都是旧的，新的才会继续向前。所有的"如果……，未来就会……"的想法都是白费力气的，事情永远不会这样发展。

看向下一步，是绝不会白费力气的。对我们来说，即便企业经营的成果是未知的，但下一步要做什么却是明确的。因而，只要朝着目标前进，仍然可以预见一些即将完成的事情的结果。

为了完成任务，爱永远不会徒劳无功。我们必须充分地关注它。我们持续关注较近且可能立刻达成的目标。跟随而来的下一步，让我们再度朝着目标靠近。

我这里所说的是什么呢？我说的是生活，那些为我们所留下的时间。以这种方式，我们仍能达成目的，绝对没有什么白费的功夫。生活与我们一起实现和达成目标。等我们离开后，某些东西还会继续存在吗？还会继续影响我们吗？

同样地，在有限的时间与年代里，这些原则适用于许多事业。一段时间后，这些事业也可能会被淘汰。这是否意味着它们是无益的？属于它们的年代过去了，它们也就跟着过时了。现在，它们可以提供服务了。而我们和它们一起服务，在有限的条件下，为大家调整生活。在这些限制之下，这些事业有时也可能会是白费力气的，但长远来看，它们在很多方面还是可以成功的。

会合点

你在中间会见我,我在中间迎接你。

"我们在哪里见面？"不管在什么行业，人们在做生意时，经常会问这个问题。是"约在你那里"，还是"约在我这里"，或者"约在中间点见面"？你往我这里走，我往你那里走，就约在中间吧！譬如，我们也可以说："你在中间会见我，我在中间迎接你。"我们在中间达成协议。双方维持各自的自主性，通过合作，找出共同的目标。任何一方都不欺骗对方，也不强迫对方，彼此谁也不占谁的便宜。大家双赢，没有输家。也就是说，理想的会合点，就在中间。

我以一个普通的例子来说明。通常女方会在什么时候去男方或他父母的家？或者说，男方会在什么时候去女方或她父母的家？相对地，他们到底适合在什么地方建立关系？

答案是，当他们离开父母家，约在中间的某个地方，距离双方的家同等距离时。事实上，理想的会合点就在中间。当他们有了孩子时，距离男方的家和女方的家也是同样的路程。回双方家长家就像回自己家一样，中间的会合点是他们找到的共识。这是他们的成就。

现在，我把这项原理运用到事业上。我充分意识到，这是件微妙的工作。基于某些观察，我并不想解释它背后的意义。这是值得思考的事情。在任何具体的情况下，我不敢说哪里是最好的约会地点。但值得多想的是：到底什么是最值得分享的成功？就长期而言，更重要的是，它到底提供了什么好的服务？

举个现实的例子。女人继承家族的企业会发生什么事情呢？丈夫为了她搬进她家，在公司取得一个位置，甚至是一个管理职位。这样对公司有帮助吗？他对妻子会有什么感觉？他是不是还是觉得她没有改变？成为她的丈夫，他是否觉得地位平等？他对妻子的事业有什么感觉？他是否和妻子得到了同等程度的尊重？他获得尊重了吗？

说得更详细一点，在事业上，他感觉好吗？他是否尽其所能照顾并推动了妻子的事业？他是不是能够展现他的内在力量？说得夸张点，他也许对事业很放心，但是如果企业倒闭了呢？如果他和他的妻子发现，在这条路上，在与双方家族距离相等的地方，他们不得不从头开始，他们该如何开始双方的关系？

好吧，我希望你不要从字面上解读我的话。但根据我的观察，当女人继承家族事业，接下经营管理权时，如果丈夫跟着加入了家族事业体，在公司担任了领导阶层的职务，那么不管他的能力如何，公司的业绩都会因此而下滑，最后公司可能会面临倒闭的命运。

所以，男人要小心，不要涉入妻子的事务——不要以任何形式进行干预，即便是担任咨询的角色。这意味着，为了维护自己的尊严，做先生的最好不要依靠太太，可以到别的地方找工作，或者开创自己的事业。这样听起来可能很刺耳，然而，为了个人的生活、事业和工作，对两个人来说，这都是一项挑战。但完成了挑战后，也会有一定的成就。

当女人加入由丈夫继承或接替的来自父母的事业时，这一规则是否也适用？我们观察发现，女人会进一步支持丈夫的生意。整体而言，她的参与完全不会造成引发企业破产的危机。问题是，在这种情况下，特别是当它是一个家族企业时，虽然她很乐意，但她丈夫的父母，尤其是她的公公，是否仍然紧紧地抓着缰绳不放手呢？

若丈夫无法离开自己的父母，而只是继续住在家里的儿子，经过很长一段时间仍无法自力更生，他永远无法完全独立。不管妻子多么能干、多么有效率，在那里，她还是找不到自己的家，因为她很难感受到她和先生站在同一个基准点上。

当夫妇在中途相遇，丈夫开始创业。他们经常以传统的方式来分工。丈夫做事业，妻子照顾家庭和孩子。双方仍然在中间会合。他迎向她，她走向他。无论他的事业是以何种方式开始的，它都会渐渐成为一个共享的事业。

这适用于很多地方。共同建立事业的夫妻如同共同创业的伙伴，他们是平等的伙伴。中间会合点是夫妻关系成功的基础，对于他们的事业也有积极的影响力。

偏见——刻板印象

偏见都是为了达成这样一个目的:把其他人的手脚绑起来。

当我们评估一件事情、一个人、一个组织或一件产品时，如果我们了解得不够清楚，那么我们所说的都只是偏见。多数偏见只是以自己的评估来贬低某件东西或某个人，完全没有彻底了解事情的原貌或状态。

　　这种偏见会带来什么影响？我们会在自己和别人之间画出界线。偏见游移在两边，既不会让别人进来，也不会让我们出去。但是任何人都有机会与偏见对抗。更确切地说，这种偏见有一种令人信服的影响力。如果允许自己去评论别人，评论的内容超过了自己所了解的，那么我们有时甚至会成为带着偏见的刽子手。

　　那么当我们成为偏见的受害者时，该如何处理这一切呢？

我们能否让他人看到我们，改变他们的心意，让他们回心转意？我们要说服反对者的理由是什么？

在父母与子女之间存在许多偏见。先是父母对子女有偏见，后来，孩子们对父母也有偏见。他们很少努力去了解彼此。由于自己的偏见，他们渐行渐远。有时，他们甚至会尝试着去配合偏见。一旦木已成舟，他们往往会无意识地为自己辩护。

那么父母与子女双方碰到的是哪种力量？那是一种神秘且模糊的力量。没有人能打败偏见的力量，谁也无法通过仲裁而接受偏见。偏见证明自己是有精力和创意的。然而，凡是偏见想要达成的目标，就会带来影响力，或许偏见者会感到恐惧，但只要接受者接受这一切就好。奇怪的是，当治疗师与受助人发生争执时，克服困难的方式就会被产生偏见的方式取代，因此他们滋养了偏见。如何才能有效地避开这些？偏见最初源于恐惧，现在却是新的敌人。通过偏见，我们是否都避开了新的敌人，以及敌人带来的挑战？

偏见的基本句型

1. 这是不可能做到的。
2. 你不能来。
3. 你不准特立独行。

4. 这是危险的。

5. 你错了。

6. 这里的一切应维持不变。

　　我可以继续以这种方式来表达偏见。偏见都是为了达成这样一个目的：把其他人的手脚绑起来。

　　那真的是我们的偏见吗？还是我们早就有这种偏见？而现在我们只是以自己的偏见来讨论其他人，寻找新的受害者？

　　如果真的如此，在企业和员工之间会产生哪些偏见？哪些是既定的刻板印象？他们应如何克服？这些偏见从哪里来？这些偏见通过哪些秘密与影响来展现它们的力量呢？古老的主人和奴隶的印象仍然存在，直到今天，它仍反映在许多劳资纠纷中，只是现在通常挥动鞭子的不是"主人"，而是"奴隶"。他们的行为就好像他们是对的，而"主人"是错的。这个印象也会对雇主产生影响。他们试图为自己辩护，并借由机械自动化及其他方法，让他们的员工变得更独立。

　　当然，我说得有点夸张。我只是想把隐藏的劳资纠纷揭露出来，然后以一种不同的方法快速地解决它。我知道很多与这样的做法相反的例子，他们为了彼此，共同努力往好的方向移动，把能做的解决方案都做了。在这里，显然，为了我们的目的，我抛开了古老的偏见，即便它是全球性的。我们在工作中可以看到这种不可思议的神秘力量，证明古代的偏见以许多不同的方式被多次呈现。

因此，就像当夫妻离开原生家庭、遇到另外一半时，他们走向彼此，老板和员工丢掉主人与奴隶的古老形象，在中途相遇，然后朝平等互惠之路迈进。他们相互尊重地看着彼此，尊重各自的任务及其重要性，并肩站在一起。他们一起关注并且服务于第三个人。为了第三个人，他们每个人以自己的方式，贡献一己之力，一起分享成功，相互依赖。因此，如同一对夫妇把焦点放在彼此身上，现在老板和员工一起看着第三个人，一起照顾他们的孩子。

个案中的企业家和员工提供的是企业及其产品，企业和产品只出现在双方所提供的服务里。就广泛的意义来说，他们是在用企业和产品为客户服务。合作究竟意味着什么？意味着拥有共同的目标、双方一起工作，这有助于取得圆满的成功。合作的目的是成就各自的领域，双方共享利润，也共同承担责任和风险。这意味着，当企业运营困难时，双方有责任一起承担损失。只有在这时，他们才真的成了命运共同体。

对我来说，这也意味着当企业陷入困境时，企业家介入，并且拿出私人的财产帮助企业渡过难关。当公司经营困难时，为了使公司重新站起来，企业家们同意减薪及改变个人的生活方式，就如同他们对员工的期望那样。而当公司成功时，那些呈现在账面上的所谓的个人财富，其中的很大一部分则是业务上的利润。

正如我所说，这些都只是对未来的想象。在许多方面，企业家们已经意识到这一点，特别是对较小的企业而言。就人类这个层次而言，所有参与的人团结一致，为了整体的利益共同承担责任，以促成成功。即使是规模更大的企业，这种刻板印象也有可能最终影响双方参与的商业行为。根据古代主人和奴隶的偏见，那些不参与的人就会成为奴隶。一段时间后，这种印象可能有助于克服古老的偏见，因为大家一起参与，才能成功。

当下

是一种智慧,洞察事物的智慧。

在当下走出抑郁，就像发生了意外一般。很多时候我们认为可以依靠的，结果却阻挠了我们的计划。霎时，我们眼下面临着全新的状况。比如，我们可以说"刚才外面有闪电"，也可以说"雨刚停，太阳又出来了"，我们也会说，"我刚做完工作，现在越来越乏力，没法继续下去了"。

在情况许可时，当下发生的事必定需要我们改变方针。突然间，一扇门永远被关上了，眼前却开了另一扇窗。

"当下"所指的，乃是一段非常时刻。倾一切之力，解决"当下"在这里发生的事。我们会立即做出反应，而且往往必须立即做出反应。当下发生的事情让我们仿佛从天堂回到人间，许多天堂似的幻想和梦想，突然间变得清醒、积极了起来。所有有创造性的事物都发生在当下，我们在当下踏出的每一步、当下发生的每一件趣事、当下的每一个成就，甚至当下的所有的损失。

当下，我们先前所经历的一切结束了；当下，是未来的开始；当下，我们只能调整生活；当下，我们只能完完全全地在这里。当下，有些事情愈来愈顺利；当下，也有些事情愈来愈糟糕。

洞察力只有在当下才具有决定性，而且我们只有在当下才可以决定采取行动或推迟行动。在当下，我们完全专注在某些事情上，只有在这时，我们才不会分心。虽有选择，但这时候你只能选一个。

为什么我要说这些呢？我知道当下前往何处。问题是，"当下"在事业中扮演着何种角色？当下，显示时间本身的种种迹象。当下，让我们可以做出响应，让我们向它们开放、为它们做准备。在没有偏离现在的时刻，这些迹象与我们擦身而过，无论它们是指向进步、成功、衰退，还是指向即将到来的危险和失败。这些迹象告诉我们，我们应从当下这一刻、从我们自身开始要求。我们如何看出当下所显示的迹象？当我们认真地对待当下时，就只有当下。

当新产品上市时，同类较旧的产品便立即过时。有些更新较快的产品，为节省时间，把更新较慢的版本抛在后面。成功属于那些立即改变、推出新产品的人，而不属于那些守着旧产品的人。清除库存的旧产品，腾出空间给新的产品。若是犹豫不决，我们就落伍了。

现在我注意到，我谈到这种对于成功的看法，就好像成功或多或少都仰赖了我们的善意，就好像只要我们重视成功，之后我们就可以责怪自己或别人。受限的看法及其降低成功可能性的结果，连接着怀有良知的动作。在茫然、缺乏方向的时候，良知推着我们向更成功、更幸福的方向迈进。这也意味着：虽然我们的成就有限，但我们私下有着好心肠；而当我们功成名就、大获成功时，私底下也许心肠很坏。

对于成功、忍耐，上述什么事情让我们得以成长？我们必须认清我们严重地卷入了怀有良知的动作之中，而这些动作往往会使我们失败。我们必须学着让自己放轻松，同时学着让自己从事业的局限中解放出来。

我所说的当下是什么？是一种智慧，洞察事物的智慧。我们如何能得到它呢？怀抱着爱——对当下的爱。

良知的偏见

我们的良知决定我们在什么条件下拥有归属感,在什么条件下会失去归属的权利。

集体偏见决定了一个企业的成败。例如，管理者和被雇佣的人的内在偏见的程度也决定了他们的事业成功的程度。这些偏见来自我们的良知，它们也会产生深远的影响。

　　我们的良知决定我们在什么条件下拥有归属感，在什么条件下会失去归属的权利。良心的审判——怀有良知的运作是其判断标准——更准确地说，是一种偏见。它们事先判断，判断我们可以或不可以做什么，同样，它们基本上没有详细了解过这些事。就这个意义而言，它们也是一种集体偏见——它们由群体设定，且不允许我们细看。甚至如果我们质疑它们，我们就是冒犯了良心，并将因此被它们及其所服务的集团处罚。因为只要良心存在更深层的没有被公开的理由，我们就仍是它的奴隶。

对我们来说，良知的基本问题是：我们必须想什么、做什么，才可以属于这个团体？

我们的良知决定我们是否适合任何特定的时刻。最终，它时时刻刻决定我们是死是活。它的严重破坏，会导致死刑的判决。谁来执行？由我们的坏良知、我们的团队来执行，但在很多方面是由我们自己动手。准确地说，我们是通过我们的内疚感以及对它的忏悔来实现的。

我们的良知为什么有这么大的力量？它的背后是上帝的概念。有一种信仰认为，良知是潜藏在我们内在的上帝的声音。即使在现在，无论是在公开环境中还是在私底下，大家仍然公认且惧怕宛如上帝之声的良知。但就深一点的层次而言，对许多人来说，良知仍如潜意识那个领域一样神秘。

这种良知和偏见决定了许多企业的成败。但是我们经常忽略偏见。我们老是寻找外部的原因，因此我们继续盲目地传达良知的影响力。良知最先支配了我们内在的孩童，因为孩子是所有人当中，对他所属的团体最有怜悯之心的人。孩子既不能也不被允许反抗，反抗将是孩子的终点站。在良知不合理的命令之下，可能会出现反抗。我们很难逃脱良知的偏见和支配。通过良知，我们还有一个与我们沟通的神圣力量，这也是决定我们存在与否的力量。

财富

在《圣经》里，我们发现了关于耶稣和有钱的青年的故事。青年问耶稣，他想要永生，要遵守什么最高戒律。耶稣回答："来，跟随我。如果你想要过得更好，把你所有的财产变卖掉，然后分给穷人，那么你就可以得到天国的宝藏。"年轻人听到这个，为了他的财富悲伤地走了。耶稣对门徒说："老实告诉你们，富人很难进入天国。"他继续说："我再告诉你们，相较于有钱人进入天国，把骆驼穿过针眼还比较容易些。"

耶稣所说的，并不是要年轻人躲避财富。耶稣在马太家吃饭，许多税吏、有钱人及罪人一起和耶稣及其门徒吃饭。法利赛人看见了，就问他的门徒，为什么他要和这样的人一起吃饭。一听到这个，耶稣回答说，需要医生的不是健康的人，而是生病的人。然而，我看到其所代表的意义是：仁慈补偿我，而不是牺牲我。我是来召唤那些罪人为自己的行为忏悔的，而不是向那些人表达爱的。

那天，耶稣表现得像个非常慷慨的有钱人，他喂饱了五千个饥肠辘辘的人。《圣经》中还说，耶稣复活后，帮助彼得和其他门徒捕鱼，他们捕到的鱼差点把渔网撑破。之后，他为大家在火上烤鱼。接着，他让大家都相信，可能会出现许多神迹。但他显然不赞成把庙宇当作赚钱的工具。愤怒之下，他打翻了桌上的零钱，向他们喊道："我的房子应该是一个祷告的地方，但是你把它变成了小偷的藏身之处。"这起事件成为他被处决的理由。在这个神圣的地方，耶稣毁了他们的事业。

在欧美及亚洲文化中，良知是反对财富的。一般人认为，金钱对人类的心灵会有不良的影响，但金钱却在个人及社会上仍持续扮演着举足轻重的角色。

我们的良知仍然保有另一个功能。它看管施与受的平衡。那些有所获却没有付出的人，内心会感到愧疚。这种良知平衡了付出与接受，最后人们成功地因此受惠。这是良知的运作——施与受需要平衡，抵消人们想要贫困的心理。上帝的这个观念，直接被隐藏在后面。丰盛的施与受是一种选择。几年前，我用故事的形式探索过有关施与受的平衡。我要以图像的方式再谈一次。

虚空

一位僧侣，外出寻求"绝对"的道。

在集市中，他向一位商人乞讨食物。

商人注视着他，迟疑了一会儿。

在递出食物时，他问了一个问题：

"为什么，在你必须通过向我乞讨食物来维生的同时，你却认为，我和我的生意比不上你和你所追求的？"

僧侣回答说：
"跟我所追求的道相比，
其他的一切，的确是微不足道的。"

商人对僧侣的回答并不满意，
又问了第二个问题：
"如果你所追求的道确实存在，
那它绝非我们伸手可及。
那么，人们又怎能笃定自己会找到它，
就像它已经躺在路的尽头等待一般？
人们又如何能占有它，
或认为自己应该分得的比别人多呢？
相反地，如果这个道确实存在，
人们又怎能偏离它，
被排除于它的影响之外呢？"

僧侣回答说：
"只有那些能够放弃眼前的一切，

并愿意放下过去的人，才能得道。"

商人没有被说服，
又提出了另一个想法：
"假使这所谓的'绝对'确实存在，
它应该就在我们身边，
被隐藏在那些显而易见且恒常的事物之中，
就如同'不在'被隐藏于'在'之中，
而'过去'与'未来'被隐藏于'当下'一般。
与对我们而言是有限且转瞬即逝的'在'相比，'不在'便显得不受任何时空限制。
就如同'过去'与'未来'跟'当下'相比，也是如此。
然而，'不在'是通过'在'而显现，
就如同'过去'与'未来'是通过'当下'而显现一样。
就像夜晚与死亡，
'不在'所掌握的，是对我们而言未知且尚未发生的，
而'绝对'，则像夜里的一道闪电，短暂地照亮了

'在'。

因此，'绝对'通过眼前的一切来到我们身边，并照亮了'当下'。"

僧侣开始感到好奇，问道：
"如果你所说的是真的，
那么，还有什么是留给你和我的呢？"
商人说："须臾的时间，和大地。"

西方国家对于工作上的良知有一个刻板印象，影响了我们对贫穷与财富的态度。摩尼被摩尼教徒（Manicheans）所拥护，并于公元267年像耶稣一样被钉在十字架上。摩尼教遭到基督教的迫害。他们的教义认为，光明与黑暗是对立的，这表示精神和身体也是对立的。而这些教义仍持续影响着基督教。例如，在许多宗教团体的贫困运动中，人们企图通过克己来规范身体以超脱，企图成为天使。时至今日，他们仍然经常假设身体与心灵是相对的，就像穷人与富人是对立的一样。

我们可以通过这种假设进一步追溯到基督教的起源。我们发现，就像希腊哲学家狄俄墨得斯（Diomedes），在之后的哲学运动中，人们追随他，认为愤世嫉俗的人活得像狗。我们发现，在波斯的查拉图斯特拉（Zarathustra）及其宗教——袄教（Parsism）——中，人们也会区别好与坏、贫穷与财富。

我们如何能克服偏见和刻板印象？只有罪恶感（bad conscience）可以，而且是带着勇气的罪恶感。如果我们可以找到一种力量和支持，让我们致富并保持富裕，那么我们就会成功。这意味着，我们进入一种心灵上的改革，超越好与坏，这完全取决于我们的良知意识。此外，心灵的改革对一切都是平等的，因此任何事物都有其根源，并且只能以这种方式存在。

在好与坏之间，在光明与黑暗之间，在天使与人类之间，在无辜与清白之间，在贫穷与富裕之间，人们在其良知的影响之下，认为自己被允许重建一个自己想象中的世界，但这只能证明自己的傲慢。

心灵的移动是一种具有创造性的移动。因为它是一种具有创造性的移动，所以它朝向丰盛而非贫瘠，走向成功而非失败，走向繁荣而非贫穷。

这是一种爱的移动。因此，这项创造性的移动是朝向丰盛、朝向更多的爱、朝向无所不在的爱的，这个丰盛的动作是朝向繁荣和成功的。这样的移动让一切归于平等，也公平地对待一切。这样的丰盛是超越个人财富的，是存在于服务当中的。这样的丰盛如泉涌一般。

罪恶与清白

良知的基本偏见是罪恶与清白偏见。无论如何，这些偏见都像是赎罪和审判一般，即刻与罪恶与清白联结在一起。这些偏见对于个人的生活、工作、事业，具有长远的影响。

这里所说的罪恶与清白、赎罪与审判，可以追随了解这一切的人，将他们从被奴役的意识中解放出来。他们体验到心灵移动的意义是，超越好与坏的限制，并且将万事万物带入爱中，将他们保留在平等的爱中。

可以理解的是，他们的内在觉察可能会反对我所说的。从感觉上来说，当"那些人"的良知在什么范围内时，他们能够检验并确定自己比别人优越；当良知在什么范围内时，他们会反对"那些人"。然后，他们可以立刻感觉到他们的良知在这个范围内移动。

现在，请你来观察自己的内在。例如：在你的心里，当你坚持罪恶与清白的区别时，你的内在在坚持什么？而当你开放另一项移动，即一项心灵的移动时，你看待万事万物均如其所是，包括你自己，这时你会有什么转变呢？当你跟随这个移动转变时，你和周围的环境又会有什么改变？因此，经过一段时间，你不再去区分，既不支持也不反对。现在，你可以再次观察你的工作、你的事业以及内在的力量，它们是否发生了变化？那么，现在让我们回到良知，区分它的好与坏。

当坏的部分存在时，才有好的部分存在的可能性。好的部分喂养坏的部分，甚至需要坏的部分。个体只有在通过良知的对立来定义自己时，他才能感受到优越。在这一点上，好的部分也建立在坏的部分的基础之上。

在此，我通过纯粹的观察碰触到每个人。感觉良好与清白的过程是怎样的呢？良知的运作要求我们遵循某种思维和行为模式。因为这样我们将可以获得归属感，最重要的是获得原生家庭的归属感。对我们来说，良知的运作有着良好的影响，我们因此能产生安全感与确定感。只有在好的良知的意识之下，我们才能安然入眠。

同时，这个良知的运作，迫使我们对他人保持排斥与关闭的状态。因为，如果我们与他人的想法和感受一样，同意他人的意见，就会危及我们归属于团体的权力。我们的良知马上会察觉到，因为我们感受到了坏的良知——我们会感到内疚。

就这方面而言，好像罪恶和清白都在我们手中，被我们操纵，无论我们产生的是罪恶感还是清白感，它都会跳出来让我们知道。在任何时刻，我们的良知都会告诉我们自己做了什么，提醒我们该如何去做。而我们必须做的，就是带头向前。

忏悔

当我感到内疚时，我一定要采取行动，好让自己再次感觉自己是清白无辜的。这表示无论要付出什么代价，为了重拾自己的安全感与归属感，我必须决定支持一方，反对另外一方。在此，我仍然对自己的决定与命运拥有掌控权——同时对于我所反对的命运也有掌控权。我决定了自己的幸运，也决定了别人的不幸。

在了解一切之前，我们走向正义王国。正义为了恢复良善，以坏的理由来判决。以我的良知来说，这是为了弥补正义所做的坏事。如果这么做没有用，正义就可以选择消灭良知。

我与我的良知和谐地相处，良知之神与我的正义进行协商。因此，我允许他利用他和我的正义，同时我可以肯定他的报酬和我的归属感。

忏悔的平衡

另一种良知的运作会在这里发挥作用，这是一个与财富有关的课题。财富可以造就成功和收益，但也可以导致失败和损失。

良知关注施与受的平衡。当我们在好的良知状态下时，我们在接受之后也可以付出，保持良知的平衡。我们也可以进一步地接受与付出，每个人都可以通过这种互动、互惠得到平衡。

在正义和罪恶的联结中，存在一个相应的动作。这个动作在相反的情况下——如忏悔及赎罪——也能运作。

忏悔和赎罪是什么意思？忏悔是指我伤害了自己或别人，我因此造成了痛苦和伤害。我所谓的罪恶感是，当我为了不道德的行为忏悔时，当我做了一些伤害自己的事情时，我为自己所犯下的罪行付出代价，以换取所造成的伤害，因此我的良知再度获得承诺，让自己有所依归。

要如何拯救我的公司和我呢？在这里，我的良知到底可以帮助我还是阻碍我呢？我到底要忏悔，还是极尽所能地伤害我的人生呢？我的人生是否像其他人的一样不会受到伤害呢？

良知之神

现在的问题是：这个神真的存在吗？真的有这样的神吗？真的有我的良知，而别人都必须服从我的良知之神，为了正义，甚至跟随我和我的良知吗？难道他真的完完全全是我的神吗？为了正义感，其他人必定也有相同的神吗？或者，他们跟我一样有自己的神——背后的良知，把他们变成了一般人。他们是否也凭借他们的良知否决了我，就像我之前否决他们那样？为了他们的正义感，当我犯错时，他们真的完全服从他们的良知之神，来评判和排斥我吗？

于此，在良知意识的胁迫下，以及在其他人的良知的运作下，在人们付出所有的代价之下，我们被带回家了。

我担心别人可能会抗议，认为我偏离主题太远了，我应该把焦点放在偏见以及我们在工作和事业上能够获得成功的方式上。但我会给予大家一些好的延伸，让我们继续在此摸索。

想象一下，就像统治者及雇主背后的良知之神，一切造物之神是否因此而仁慈地对待一切？事实上，良知之神会反对造物之神吗？还是说，他变成了我们的上帝，见证我们良知的运作并给予我们奖赏，不管它们对我们和其他人来说有多么可怕和致命？

他的奖赏是什么？为了确保我们的归属感，他和我们的团体即使付出自己及他人的生命，也在所不惜。

其他的神

说得更清楚一点，启发良知究竟有多么重要？一方面，我们必须承认良知对于我们的关系而言的重要性；另一方面，良知有其局限性。这说明，许多荒谬的要求都出自良知。它傲慢地把自己放在神的位置上，胆敢如上帝一般超越生与死、超越幸福和灾难，不仅为了我们这辈子，也为了永恒的一切。这一切甚至远远超越了它，就如永恒的地狱。

准备好之后，你便要超越良知的范围，找到一条路，朝向目标进行探险。看看这是否可以激发自己的创造性？我称之为灵性的移动。我们暗自背负着罪恶感，也在暗地里试图跨越这一切。为了爱，良知尝试与之分离，并且试图回归到其应有的位置。

在提出工作及事业上的一些实际应用前，我先来做一些基本的讨论。

心灵的移动

亚里士多德认为，现存的一切都是移动的。他指出，这些移动并非源自存在的东西，而是来自别的地方。因此他得出结论：一切事物都一定有一个先行者。

先行者必须是在某种精神层面上的东西。为了这一切，移动即有其意义。与之相符的许多其他东西一起前进，进行一项有意义的互动。所以，我们拥有移动一切的力量。我们可以想象，存在并列行进的第二势力，那么前面的这股力量是否将一个接一个地成为第二势力？由于我们无法做到，所以较早移动的那个人将是最初的先行者。因此，一切都被先行者驱使着，先行者是一切存在的原因之一。事实上，先行者是具有创造性的力量的，令一切形成并持续移动。

我们是如何构想出这一切的？事实上，每一股力量的形成，皆源自灵性的力量，因为它认为应该这样且愿意这样。这一切都是创造性的想法和行动。那么接下来呢？

  1. 很难想象有什么事物可以反对这种创造性的灵性，或者有什么事物可以拒绝或错失这种灵性。除了回到这种灵性，回到它的源头，还有什么地方可以前往或进入？

  2. 什么事物可以毁掉这种创造性的灵性？例如，屈辱。没有什么事物可以自行移动，它们都是采取靠近或远离的方式来移动。然而事物应得的惩罚或奖励究竟以何种方式存在？

  3. 在灵性面前，有所谓的罪恶或清白吗？有人可以伤害其他人，或者在没有心灵意愿的状态下影响他人的生活吗？因此，在这里，有所谓的加害者与受害者；而在创造性的灵性面前，你会感受到这个人比较好，那个人比较糟吗？

  4. 我们可以假设那个发生过的、付出一切让生命继续的事件，即一个人离去而另一个人诞生的事件，是唯一的事件吗？根据那创造性的移动，有什么是减少了的呢？难道这个事件的结束，就像时间消逝一般吗？

5. 我们觉察到，在每个阶段的发展中都存在相互对立的动作。创造性的灵性在不同方向对向移动，引领人们一起走向下一个阶段。因此，在相互作用下，这些移动将扮演不同却都很重要的角色，为了共同的目标，通过他们的敌人——灵性——创造出新的事物。一个男人和一个女人，双方各自以不同的方式来思考这一点。因此，所谓的好与坏，同样被需求，同样可以提供灵性上的服务。

6. 如果真的如此，我们是不是可能或可以赞美一件事物，并且同意它，同时对其他对立的事物表示遗憾或可惜？无论这个事物要求的是我们还是其他人，根据这个创造性的移动，我们赞成对立的双方，这样我们是不是就不用屈就于其他人了呢？

在他们手中，可能少了创造性的力量，可能少了良知的指导或保护。这是否就意味着他们的命运会有些许遗憾？对很多人而言，存在这样一个问题：什么是自由意志？

我们的自由意志也是一种灵性的移动，无论我们是否决定与它同行。它不能支持或反对灵性的移动。而那些持续受善恶支配的人又如何呢？他们能否脱离灵性的移动？

相反地，灵性的移动也有归属的必要性，因为某些事情最终会被允许。我坚持这个新的观点。

现在，我举个例子。

案例：决定性的一步

在香港，一位女士在系统排列中安排了公司的角色和自己的角色。代表公司的那个人（以下简称"公司代表"）看着地板。通常的经验告诉我们，她正在看着一位死者。我找了一个人扮演死者，请她躺在公司代表面前的地板上。这位女士也被带到那里，然后跪在死者代表身边。从排列场上的表现来看，很显然，无论是公司还是这位女士，都没有机会成功。因为二者都被卷入深层，最终将会死亡。

在这里，我不需要用系统排列来做出推断。这家公司及这位女士处于善恶的交界，无论是这位女士还是她的公司，都没有办法走向成功。

当我问那位死者是谁时，她表示，那是她流产掉的孩子。在这个排列中，我们的移动完全朝向良知的内疚和赎罪。从良知的角度来说，无论是这位女士还是她的公司，都没有出路。双方都想朝向那位死者。事实上这意味着，他们想死。在这里，我们可以清楚地看见，公司也有灵性，它的行为就像人一样。

现在，我要进入另一个层次。我引导这位女士超越良知，走向灵性的层次。我请这位女士站起来，并请死者代表站在她前面。之后，我请她看着超越死者的远方，那里有一道遥远的白光；然后，我要她在感受到力量时，抬头挺胸，跨大步越过死者。

过了一会儿，她成功地做到了。她向前又走了几步，突然间，她真的能够感觉到自己的力量。她走出了良心的束缚。现在，她愿意和她的公司一起走下去，顺利地度过她的人生。

后来，我问死者代表有什么感觉。她说，她感到宽慰且平和。

我来代替你

在通往成功的路上，另一种良知的偏见试图阻挠你。在我们的原生家庭和其他团体中，第二种良知在我们的文化中成为起极大作用的潜意识。

在团体中，良知让每个人归属于适当的位置。原则是后来的成员必须承认原有成员在团体中拥有优先权。要求后来的成员去背负原有成员的责任，以拯救他们的方式背负起原有成员的重任。只有摆脱原有成员的命运,后来的成员才能掌握自己的命运。最后,他们才能够站在自己的位置上,继续活下去。

例如,当孩子看到自己的母亲离去或死亡时,内心深处会说:"让我来代替你。"虽然孩子难以意识到这一点,但他有一股巨大的力量,并且要为此付出很大的代价。孩子认为这是出于爱的,因为这符合良知的需求,这样会使他感到自己是清白无罪的。这样说也表示,他会感觉良好、无辜,而且这种感觉是很棒的。最重要的是,孩子觉得,他通过这种方法可以赢得家庭里更大的权利,这甚至比他自己的死亡更能让他拥有永恒的归属感。良知的运作——良心的偏见——让他朝向死亡。

你很容易就能想象到,这样的孩子将来在他们的事业方面会发生什么事情。通常,他们会很早就放弃任何想要完成的事情,加入不适合他们生活的大团体,等待提前到来的下场,愉快地等待他们的结局。对于良知的承诺——获得团体所赋予的特殊权利——他们在精神上拥有优先权,这超过了其他的成就。

这样的行为及归属于所属团体的权力,甚至会让孩子付出生命的代价。在所有的悲剧中,我们都会发现这一部分。英雄因为要为前人承担某些事情而被处死。英雄想超越前人,感受优越的大爱,但是失败了。因为超越前人是被禁止的,后来的人不能为前人承担某些事情。这是一条铁律。实际上，这也是一条神圣的戒律。这是成功的基本法则。若忽视它，我们甚至无法知道许多公司为什么会失败和蒙受损失。

下面有一个例子。

案例：我会跟随你

一名14岁的男孩放弃了学业。他觉得自己注定是个失败者。

在排列中，他和老师一起站在父母的对面。这次的排列是让真实的人参与其中。当我看着他时，我看见了他的悲伤。我对他说："你很悲伤。"随即，他的眼泪流了下来，同时，他母亲也泪流满面。我看见他为母亲的眼泪而哭，母亲才是有理由哭的人。

他的母亲有一个孪生姐姐，出生后不久就死了。我请了一个人代表母亲的姐姐，站在远一点的位置上，远离了这个圈子，因为她已经死去了。然后，我请母亲站在她孪生姐姐的背后，我问她在那里感觉如何。她说："我感觉很好。"在内心深处，她对姐姐说："我会跟随你。"

这是另一种良知的移动，致使我们远离了生活和成功。在这里，我们看到，在序位上，心爱之人优先于我们自己的生命。在这里，良知的移动也超越了我们的生命。对于这位母亲而言，良知并没有走远。在儿子的心中，他认为母亲朝向死亡，因此他从心底认为："让我来代替你。"

现在，我把儿子安排到母亲孪生姐姐的后面，我问他感觉怎么样。他说："我在这里感觉很好。"我问母亲，儿子站在孪生姐姐后面，她感觉如何。她说："现在，我感觉好多了。"

就这个例子而言，人们在工作上的失败代表什么呢？他们告诉心爱的人："让我来代替你。"他们的失败是一种良知的移动。"通过失败，我获得了归属感。如果我离开了，我心爱的人就能够活下去了。"

先前，男孩的母亲渴望追随她心爱的孪生姐姐死去。良知的移动与之产生了共鸣："我死了，我就又属于她了，我就又会和她在一起了。"那句话背后的想法是：若我加入死亡的行列，我的感觉会更好。在此，死者被拒绝了，在他们死后，生活就像从前一样继续下去。这是非常古老的想法。

在这个排列中，有什么可以提供的解决方案？与其让母亲跟随死去的孪生姐姐，不如将死去的姐姐重新带进家族之中。我把死去的孪生姐姐的代表安排在男孩母亲的旁边。突然，每个人都感到很开心。然后，我要母亲看着儿子，并告诉他：

"现在,我会留下来。如果你留下来,我会很高兴。"

那个男孩整张脸闪耀着光芒。现在在他成功的路上,已经没有阻碍了。

我在这里,你在那里

如果孩子牵连在这样的状态("让我替代你")里,或许通过外界的协助,他的内心可以感受到良知的移动,但他不知道如何才能摆脱良知的移动。试问,这样的孩子如何才能从与别人命运的纠缠之中解放出来?这样的孩子怎么才能成为赢家?那些人无法在通往死亡的道路上回头。他们发现没有出路,因为他们在那些地方不开心、生病,甚至想死。对于那些卷入其中的人而言,到底有什么解决方案?

他们放弃个人及团体的归属感,逃离良心的偏见,成为独立自主的人。他们独立,同时也很孤独。有些人尝试不动声色地对这个人说:"即使你走了,我还是会留下来。"问题是,我们是否真的会因此得到自由?我们真的能告别吗,与所有的痛苦和悲伤告别?我们会成功吗?

完整的告别、淡淡的告别,就是任何时候都符合创造性的移动。"你看,一切都焕然一新。"为了我们,以及那些想要离开甚至必须离开的人,它让一切焕然一新。让我们成功地在最后道别时说出心里的话："我在这里，你在那里。"对我们自己和别人的命运而言，这句话是一种深层的尊重与敬畏。

尊重和敬畏跑到哪里去了？它们被放弃了，被转换成了创造性的灵性。我们一旦放弃成功，我们的尊重和敬畏就成了个人的尊重和敬畏。无论是我们还是其他人，无论是为了他们还是我们自己，尊重和敬畏变成了爱。我们自由了，他们也自由了，完全没有束缚。在和其他人联结的同时，我们也是孤单的。我们孤单地以这种方式和许多人相处，以这种精神提供生活上的服务。这是生命给我们的精神，因为我们每个人天生注定是不同的。

事实上，我们借由另一种尊重以及对一切的热爱获得了自由。同时，未来一切皆可以成真。没有偏见，没有束缚，没有过去。此时此刻的成功，不断地向前。这里的成功，完全地向外扩张。在充满活力的、丰富的生活中，我们以服务为生，以爱共同创造和谐。一切顺其自然，成功自然就会到来。具有创造性的真实生活能够成真，也一定会成真，因为我们想要立刻为我们和其他许多人提供这种服务。

集中

"集中"意味着朝着我们致力实现的目标持续地聚集能量。

对于我们的成功，"集中"意味着朝着我们致力实现的目标持续地聚集能量。我们不会让细枝末节的事情阻止我们或使我们分心，我们会努力聚集一切必要的，从而实现我们的成就。

此外，为了建立企业，我们募集自己的资源，募集员工及合作伙伴，聚集他们的力量和技能，朝着目标一起前进。聚集力量是一个很有趣的过程，成功在其不同阶段成为可见的目标，鞭策着我们。在团队中，即使遇到了困难，工作流程也还是很顺畅。然而，因为团队关系着我们的计划和成功，我们必须连带地引领其他人。也就是说，我们的前面没有人，每个人都在我们后面。我们在前面领导，其他人在后面跟随。若没有领导，每个人就会各走各的路；若没有领导，力量就会分散，团队就会失去共同的目标。那样一来，每个人都只看重自己，因此会造成工作的延误，而不是期待共同目标的实现。因此，聚集的领导阶层要严格。只要那些人和我们一起，我们就可以坚持下去。集中的另一面，就像是将小麦从谷壳中剥离。只有那些可以实践目标的人才会与我们同行。

那些想和你一起完成任务的人，会竭尽所能地努力达成这个目标，使之成为他们自己的成就。完成任务让他们的自我成长起来，而他们往往会在成长中超越自己。他们获得人们的评价，发现自己的体会，被很多人关注。他们晋升到领导阶层，聚集自己身边的人，然后领导这些人。

集中，让我们只能向前看。因此，聚集到的力量使我们获得了自由。为了向前走，我们不能被过去束缚。

每一项创新的努力，都完全聚焦在成功上。集中以实现代替了只是等待。

这样的集中开始变得有灵性，开始觉醒，并且让人的意识范围更宽广，也使人更容易掌握下一瞬间的重要事物。

当人们被拉往其他不同的方向时，集中就被中断了。我们不需要给予它太多关注，只需等待，直到一切告一段落，它会再度自己主动回来。于是，分散的力量再度回来，并且聚合起来，走向更清楚的目标。然后，我们不再回头，继续向前走。

当我们与目标站在同一阵线，当我们做出某些宝贵的承诺时，我们就被吸引着朝向目标前进了。有了目标，我们的生活才有动力。目标朝向我们而来，并且它自己会主动地聚集力量。

我们被这个感受吸引。当我们身体力行地朝着这个目标聚集所需的资源时，我们就会知道自己的力量与目标是一致的。同时，我们体验到自己所聚集的东西已经超出了目标。我们从那里获得了决定性的力量——一种创造性的力量。它吸引着我们，顺利地伴随着我们，充满了生命力。我们带着欢乐的、勇于冒险的心，迅速地实现我们的目标与幸福。

随着时间脉动

成功随着时间来，也随着时间去。

时间不断流逝，静静地、快速地流逝。时间总是有的，时间是足够的。当我们与时间共进时，我们就有时间。

　　我们为什么这么匆忙？因为我们相信我们的时间是有限的。同样地，我们也会催促别人。

　　那一刻，会发生什么？对他们和我们而言，时间都在不断地流逝着。

　　成功随着时间来，也随着时间去。那是什么样的时间？是有时间的时候。

　　一切内在的发展都需要时间，没有什么是比有时间能够发展更圆满的了。这是可以描绘出来的成功，或表示成功已近。有时，外部力量的介入像是毁灭性的风暴一样，破坏了时间的成就。如果时间结束了，就永远地结束了。然而，恰巧就在对的时间，有些东西才刚刚开始。我们的成功遵循时间的法则。它就像时间一样，只向前走。它持续地往前走，随着时间的推移，我们的成就也就跟着走了。我们没有时间回头看。我们可能会回头，但时间从不回头。它总是紧接着来临。

当时间紧迫时，我们该怎么办？问题是：什么是时间紧迫？是别人的时间紧迫，还是我们认为应该分秒必争？如果我们没有把握好时间，时间就会离我们而去，抛弃我们吗？在对的时间里，时间很少会变得紧迫。而在时间的掌握方面，时间总是处于预备之中。尤其，当我们赶时间时，时间就慢了下来。我们有充分的时间，可以从容不迫地准备。时间是被谨慎地计算着的。

有时候，我们会说："时间就是金钱。"时间到底是哪一种金钱？我们根据这个原则调整言行举止：使用较少的时间。而且我们所用的时间越短，我们的获利就越大。因此，再加上经济利益，我们就获得了更多的时间。

事先节省时间，我们就不会有失误。问题是，我们是否有足够的时间？随着时间的推移，我们经历的时间到底是比较长还是比较短？我们是因为经历了"太过拥挤""较长时间"，以至于渴望休闲及回忆的时光吗？

回忆可以减轻焦虑，因为我们沉浸在这个虚拟的时间中。在这里，我们回到了自己的家，不管是别人为了时间而压迫我们，还是我们为了时间而压迫别人。在回忆中，世事静止，时间暂时停止移动。回忆带领我们走进了一个开阔、平和的时光，它拥有世界上所有的时间。

过去消逝的时间压迫着我们。时间来来去去，谁也抓不住它。尽管如此，当工作多了、久了的时候，我们很容易做得匆匆忙忙或慢慢吞吞的。即使我们非常想快一点，但是在回忆中，我们还是流连在时间中。

我们的成就在苟延残喘吗？当我们在吃老本时，我们的成就也就结束了。想要走得更远，就要更及时地加强服务，进一步地成长，永远和某些事物一致，更有自信，永远创新，超越时间。

通过放下而获得

在这里，"放下吧"（let it be）指的是：我们让事情有其自己的进程，以其自己想要的步调移动。我们不介入，直到它们清楚自己要朝哪个方向移动。如果它们远离我们，不要试图操纵它们的方向，让它们走。那表示我们可以让它们离开。因为我们让它们走自己的路。为了某些其他的事情，我们变成自由的了。

我们愈是能放下沉重的事情，我们就愈能从中解脱出来。从表面来看，沉重的事情虽然看起来很贫乏，但从长远的角度来看，它可能给我们和其他人带来更多的利益。我们怎样才能知道某些东西要离我们而去呢？

1. 这些事情令我们感到忧虑，我们不知道该如何处理。许多方面显示，眼前出现了层出不穷的障碍，但就长期而言，我们没有机会在这个计划和我们之间建立起一种互利的关系。

2. 我们不再喜欢这个计划了。一想到它，我们就觉得胸口或肩上有沉重的负担，压得我们喘不过气来。

3. 想象当计划顺其自然地执行时，我们有如释重负的感觉。这样，我们就发现，我们的自信、乐观和实力又回来了。

一个计划或产品就像人一样，是有灵魂的，有其既定的目标和时间。计划就像是活的东西，有开始、有成熟、有递减、有结束。最终，在适当的时机，为了其他新的东西，我们创造出了时间和空间。

值得商榷的问题是：这个计划或产品是否添加了什么早已存在的东西？它最后会被取消吗？如果我们提供已经存在的服务，是否可以提早享受它，同时又使成长不会被削弱？还是说之前已经有新的服务项目和产品，削弱了它的吸引力？顺其自然是最好的方式。看似诱人的计划或产品，我们是否需要获取某些东西才能完成它？我们是否完全没有沉重的负担，才可以让它更协调地成长？

　　另外的问题是：在这样的情况下，我们应该如何应对一个新计划？这个新计划会受欢迎吗？这个计划适合我们吗？这个计划能被推动吗？此外，在我们的人生中，它也关系到我们马上要以一个和谐的姿态提供许多服务，汇集许多资源，并从资源与资源之间的相互影响中获益。

　　所以，真正的问题是：我们的计划或产品是否可以带着爱服务于人们的生活？

奇迹

　　奇迹仿佛是天上掉下来的礼物，似乎超越了我们自己的能力及见解。

奇迹发生了。突然，所有情况都不可思议地各就其位了。我们不知道一切如何且为什么朝着同一个方向。我们一开始认为不可能成功的事情，终于都成功了。或者我们经历了一切似乎要失败的情况，然后我们以一种近乎奇迹的方式躲过了即将发生的危险。

在我们的生活及工作中的每个阶段，奇迹就在我们左右。它们仿佛是天上掉下来的礼物，似乎超越了我们自己的能力及见解。在决定性的时刻，它们陪伴我们行动，引导并支持我们。

我们的成就超越了我们的局限，找到了自己的位置。这样的行为和我们在一起，当我们的境况过于危险时，它就把我们拉回来。无论面对大事件还是小事情，在我们要付出巨大代价的情况下，它就让我们远离灾难。

我们的成就超过了我们的成功。为了持续下去，我们被迫去相信其他的权力，并且友好地协助这些权力。这些都是具有创造性的力量。问题是，我们要怎样才能与这些权力相符，并与它们保持一致？

为了服务于生命，我们跟随生命进入生命的和谐之中，用爱为生命服务。

在此，我们每个人在某个领域以某种方法贡献一己之力，坚持完成我们的任务。这个领域有时狭窄，有时宽广。我们有可能会改变，但不会以这种力量来对抗其他人。

里尔克（Rilke）在他的诗作《凝视》（*The Gazing One*）中写道：

> 永恒的和怪异的、不熟悉的，
> 会不会被我们扭曲。

我们承认，奇迹在每个地方的运作——以及它的成就——这件事和其他任何事一样精彩和新鲜。

超乎想象

宛如意想不到的祝福之礼,它在每个转弯处,带着自信走向我们。

一次意想不到的拜访，让我们感到惊喜。例如，当我们面对困难时，有些事情突然好转起来。瞬间，尽管我们依然感到恐惧，但是某些事情逐渐被了解，这超乎了我们的期待。然后我们就会说：那就是所谓的幸运！

　　在这个过程中，我们适应了意外，如同我们盼望发生某些事情一样。如何盼望？要有自信。通常，自信会迫使某些事情发生，超越且违反所有的预期和希望。自信仿佛让我们增添了一双翅膀。

　　恐惧也有它的影响力。它使我们的动力瘫痪，但也帮助我们超越我们所恐惧的一切。然后，我们所害怕的事情就出现在我们前进的道路上了，好像我们暗自希望它到来似的。

从这个意义上来说，伟大的成就是从我们的内在灵性开始的，失败也一样。自信和恐惧把某些东西设定在我们的意念之中。在成功或失败的道路上，我们早就与它们同在。

意料之外的成功比我们所期待的还多。它们近在咫尺，但它们总是在令人意外的时刻到来。因此，只要我们腾出空间，当机会来临时，我们就可以立即抓住它，然后说："让我们把握时机。"

决定性的见解经常会意外地出现。在一段时间内，如果这样的见解发生得愈来愈频繁，我们就会感到安全。最终，当我们需要信心时，它就在那里，让我们走出忧郁。宛如意想不到的祝福之礼，它在每个转弯处，带着自信走向我们。

我们也变得不再期望从别人那里获得美满的生活和祝福，这也许是因为我们在见到他们时眼中闪烁的光芒。

成功和幸福是连在一起的。成就别人的幸福，是最极致的成功。他们的幸福之光将反射到我们身上。

就上面这一点而言，我们解决事情，完成任务，高兴地做着这一切，这些全都反映在我们身上。成功通常以一种惊人的方式接近我们。我们完成的计划与我们自己合而为一。而他们的成功超乎我们和他们的想象，例如，由健康和爱情所带来的幸福。

光

　　黑暗中的光,距离我们不可思议地远,却直抵我们的灵魂深处。面对这道光,我们变得既谦虚又渺小。

我们无法直视阳光，只能看它反射下来的光线。我们脸上的气色反映了内在的喜悦。启发与洞察力就是内在反射出来的光。

有些光线非常强烈、明亮，令人眼花缭乱、睁不开眼睛。有些光线则是灰蒙蒙的，我们几乎看不见它。

对我们而言，黄昏到夜晚的那段时间，光线最为柔软。太阳下山，夜幕低垂。在夜晚来临之前，天空送来它最柔和的祝福。此时，白天和黑夜几乎融合为一。

我们内心的另一道光开始闪耀。这道光短暂地在黑暗中闪耀，有时瞬间如闪电一般。虽然是在夜晚，但太阳反射的月光洒落了一地，即使太阳已经下山了，夜晚有时也还是很明亮。

刚开始时，月亮无光，接下来，月圆，月缺，然后月光渐渐地消失。夜里，只有远处闪耀着星光。

对我们来说，没有黑夜。虽然远处没有一丝光亮……黑暗中的光，距离我们不可思议地远，却直抵我们的灵魂深处。面对这道光，我们变得既谦虚又渺小。我们的成功也是一样的。有时，我们被成功淹没。它让我们失去了理智。我们闭上眼睛，以保护它。成功之后，太阳就下山了，成功一点一滴地离去，为黑暗的夜晚做好准备。

但是，夜晚又绝不是黑暗的。有时，瞬间闪耀的亮光短暂地迸发，就像在闪电之后紧接而来的响雷。有时候，是柔和、静默的月光，它缓缓地升起、缓缓地消失。然而，通常，在这一切的背后，远处，那遥不可及的星星，看起来似乎没有动，却默默地在宇宙中运转着。

在家中，我们会感觉安全、镇定又平静，所有的成功都伴随着我们。而在其他地方，成功和我们一起变强，这是必要的成长。那是点燃的光。然而月亮那里的光只是反光，有些事情还没有被实现和完成。

我们的骄傲和喜悦

"神注视着他所造的一切,那是多么伟大的作品啊!"

我们喜欢展现我们的成就。我们喜欢和别人分享我们的喜悦。当别人也为我们的成就感到高兴时，我们会更喜悦。

　　我们是在吹嘘自己的成就吗？当然，我们是这样的。即使一棵树也会炫耀，秋季的丰收就是它这一年的成就。掉落的果实滋养了树本身以及许多其他的生命。我们喜欢半枯萎的、收成不好的树吗？看到这种树，我们会感到喜悦吗？会感到骄傲吗？当别人表达他们的贫困，或因为他们的疏忽而造成的失败时，我们会因此而高兴吗？那对我们而言是一种激励吗？会刺激我们去做相同的事情吗？

　　人们会为自己的成就而感到自豪，也在意自己的成就。人们细心地经营，不断地提升与扩张。

而隐瞒成就不让别人知道就是另一回事了，因为他们生怕别人嫉妒他们的成就。如果这么做，他们的成绩还会继续提高吗？还是说他们就像华格纳（Wagner）的歌剧《齐格飞》（*Siegfried*）里的巨龙法夫纳（Fafner）那样，只是想坐拥尼布龙根（Nibelungs）的宝藏？他们享受这一切吗？他们真的取悦别人了吗？

　　人们以他们的财产为傲，同时让其他人一起分享他们的成就，向其他人慷慨地提供他们所拥有的。他们拿出他们所拥有的东西，吸引别人、鼓励别人以他们为傲，让别人羡慕他们。

　　当我们为自己的成就自豪时，心里有什么感觉？当和别人分享我们的成就时，我们觉得更加心胸开阔、得意扬扬了。这种自豪感是一种享受。这种自豪感使我们无视其他人的存在，快乐得不得了。

　　成就感也是一种精神上的自豪感，我享受也喜欢和别人分享这种感觉。例如，艺术家高兴地创作，音乐家完成他新的曲目，他们以特殊的才能为傲，愉快地以使他们感到自豪的才能吸引别人与他们同乐，高兴地与群众分享他们的才能。长得漂亮的孩子尤其是父母的骄傲。父母会带着孩子到处玩耍，谈论他们，随心所欲地和他们一起做他们想做的事情。孩子是他们最大的成就。他们以孩子为傲，是因为他们爱孩子，而不是因为他们是比较好的父母。天下的父母都是一样的,他们为孩子感到自豪的理由也都是一样的。

孩子对父母以他们为傲的感觉是怎样的呢?他们很高兴成为父母的骄傲,他们满心欢喜,感觉与父母有了更深且更成功的联结。

《圣经》上说:"神注视着他所造的一切,那是多么伟大的作品啊!"神对他的创作感到多么自豪啊!他多么喜爱他的作品!

我们可以跟随他,以他的想象为傲——十分自豪地将永恒的爱投注在我们的成就上——吗?我们可以衷心地因为他的创新作品而高兴吗?我们可以因为他那令人得意的手艺而喜悦吗?

现在

只有让当下完全地属于此时此刻，我们才能成功。让我们的想法与感受完全聚焦在可能的事物上。

现在是一个过渡期——至少对我们来说，这是它显现的方式——介于过去与未来之间。现在的时间是唯一的。往者已矣，来者可追。

然而，过去还是影响着现在，现在则是在为未来做准备。虽然未来还没有发生，但我们过于关注未来，担心一切可能发生的事情是不妥的。我们还是要把心思放在眼前的事物上。

从当下跳脱出来，我们可以获得更多。未来充满许多可能性。当我们以一个开放的当下、开放的空间接受所有的意外时，我们就能够生活在信任之中，对于即将面临的一切立即做出回应——无论它何时来、怎么来。无须担忧，也无须期盼。在当下这一刻，我们完全呈献给它。如此把权力交给未来，和谐地运用这些权力，冷静且沉着，为即将到来的未来做好准备。

虽然即将到来的未来吸引我们向前看、远离当下，但是过去却吸引我们停留在已经结束的那些事情上——或许是童年的那些未解决的问题。我们此时此刻抱持着这种感觉，体验着自我麻痹的感觉。而这种感觉取代了向前的行动导引力。我们现在在某种程度上重复着过去，而不是顺着生命的河流走。有些事情可能仍然需要我们去完成，但是我们有不同的选择，可以选择终止过去的一切。

这一刻，所有的生命都尽其可能地活在当下。

我们如何才能拥有成功的人生？只有让当下完全地属于此时此刻，我们才能成功。让我们的想法与感受完全聚焦在可能的事物上。

净化是一种成就，也许是最全面的成就。在当下，它实现了所有的生活。就在当下，我们只要想想我们所计划的事，完全以当下的回忆和行动来安排某些事物、管理某些事物，我们的所作所为会对别人产生什么影响？我们要如何引导他们？我们带领他们一起组织、聚集，成就当下的这一刻——此时此刻。每一段不同的时光都让一切焕然一新。

损失

失败,让我们一起进入完整的自我,满怀热忱地、持续地让逝去的东西发光发热。

多少目光迷失，凝视着乌黑的
长久闪闪发光的烟囱，
惊鸿一瞥的人生，失去的，永远。
啊，谁知道地球的损失？
只有发出赞许的人
依然在全心地唱着。

——《致奥尔弗斯的十四行诗》第二部，里尔克

逝去的东西，一去不复返。不得不放下过去，将空间留给未来，这在感觉上似乎是一种损失。从时间这个角度来看，在

时间流逝的同时，下一步路就出现在转弯处。

我们所看见的是我们各自的目光所能达到的，但我们的内心总是会安全地渡过风险。因为我们的所见源自整体，它本身就是整体的一部分。如守护宝物一般，我们心存感激和赞美地守护着失败。如果我们的目光再停留得久一点，它似乎就成了永恒的损失。我们看着它烧成灰烬。火焰熄了，只剩下余烟袅袅。

它是最后的火焰吗？这些火焰燃尽之后，新的火焰不是已经升起了吗？在整体中的火焰不会熄灭，它在未来的爱中，闪闪发光。一栋不同且更坚固的新房子，难道不是从废墟中建立起来的吗？

因此，成功和失败携手共进。有时候，失败甚至是极惨重的，但从失败的身上，我们却找到了一股特殊的，甚至更强大的力量。那股力量将燃起新的火焰。

失败时，我们的心在哪里？下一刻，我们的心是否接受了失败？失败，让我们一起进入完整的自我，满怀热忱地、持续地让逝去的东西发光发热。

怎样才能真的让逝去的和我们融为一体？解决办法就是：让逝去的东西结束，抛弃曾经属于我们的一切。当过去被允许失败时，为了下一个即将到来的事情，过去让我们重获自由，而过去也得以解脱。

圆满

圆满存在于流动之中,流过之后,一切焕然一新。

人生就像一条河流，无法让任何事情逆流，其本身也无法逆转。人类通过爱流经圆满，这样的圆满不需要外界的供应，它时时刻刻自我更新，它的创意源源不绝。

　　我们的成就也以同样的方式更新。成就愈多，生活就愈丰沛，很多人因此获利，但成就很快又从指间流过。有什么可以让生活更好，让成就永续成长呢？

　　这些成就让我们也让其他人的生活充满欢愉，让我们结交许多新的朋友。那也是一种成就，而且也许是最大的成就。

　　只有丰盛是不会一直存在的，它仍在移动中，会变得陈旧。因此，圆满存在于流动之中，流过之后，一切焕然一新。

　　相反地，我们会失去我们想要抓住及保有的东西。我们认为我们可以得到它、拥有它，它却自我消耗，慢慢变得越来越少，直到空无一物。

一段时间后，当我们的活力干涸时，它就结束了吗？不是的，几个世代下来，它还在继续流动着，就像生命本身，流到其他人那里去。

对于我们的成功而言，也有类似的故事。它们有各自的时间，不会枯竭。所有的事物都是为了让生命延续而继续发展的。当我们的活力枯竭时，新的云层在地平线上升起，带来久旱之后的甘霖，翩然而至的雨水滋润大地、流过小溪，又汇成河流。我们因此得以生活下去。新的源水涌现，充满了丰富的创造力。

这还有其他的意思吗？我们从他人那里收到创造力并接受了他们的财富，接下来就轮到我们了。让我们的财富流至其他人那里，让他们一起享受丰盛的生命——伴随大家的成就、爱，以及巨大的创造力的源泉。

向成功敞开

　　成功使我们跨越界限,从一个较狭窄的空间走向一个更宽广的世界。

宽广开放的空间，就像一扇敞开的门，也像一道邀请我们进入的宽敞的大门。我们认为，宇宙浩瀚无际，永远开放着，并且以难以想象的速度持续扩大着。开放的空间是无限的。

　　我们对于事情的规模的看法，取决于我们开放的态度。对一切新的事物保持开放，意味着总是向前迈进。

　　开放是方向性的，它开放给即将来临的东西；它持续向前，保持这样的移动。持续向前移动，进入广阔的境界。无论这种开放是否关闭，它都会更深入地移动。

　　让我们全方位地进入这种开放，开启我们的自信，张开耳朵、伸出手、打开房门、敞开心胸、启动未来、敞开爱。在诞生的同时，我们也开启了生命的第一扇门。我们通过这扇门来到这个世界，使出一切力量，挤出狭窄的通道。突然间，我们发现自己身处一个宽敞开放的空间里。

为什么我要在这里谈论这些？我想要人们理解什么？

每一个成功都开启了一扇大门。它使我们跨越界限，从一个较狭窄的空间走向一个更宽广的世界。因此，它不会被绑住，而是会持续地前进。如果它停滞不前，它的生命很快就结束了。没有所谓旧的成功，成功只有新的。

里尔克在《致奥尔弗斯的十四行诗》的第二部中，谈起这是一项革命。

把自己继续锁起来，它已经呆住了。
它是否认为自己安全地躲在
不起眼的灰色帷幕中？
等待：一个最严厉的警告就在不远之处。
灾难：不存在的榔头高举其手。

我们要怎样才能打开心胸，又该如何保持开放？方法就是：参与。我们让自己优雅地与别人共同拥有完整的生命，拥有即刻付出、即刻就接受的生活——完全地付出，完全地接受。我们让自己和其他人的生命继续下去，充分地继续下去。

本着这种精神，我们拥抱我们的进展和他人的生命。取得成功的是生命。

为了上述这一切，我们打开心胸，拥抱欢愉，与其他人一起，为那里的每件事感到高兴，为成功的一切感到喜悦！

参与

我们每个人都参与其中,成了参与者。我们的成功是我们共同取得的成就。

成功的背后有许多人的共同合作。每个人都有自己特别的位置，即使有些人把自己的利益推至最重要的位置。在许多方面，人们通过施与受，致力于进步和成功。即使人们借由其他力量而获得成功（因为那些成功是他们取自别人的），反过来，在他们的成就方面，他们也成了参与者。不管是不是心甘情愿，我们每个人都参与其中，成了参与者。

　　我们的成功是我们共同取得的成就。孩子尤其是我们最伟大的成就。从结果来看，孩子是否只是扮演着一个次要角色，或是在某种程度上成为我们所需要的？工作中的其他力量，成功地把我们转换为参与者。

　　所以，不管情愿还是不情愿，我们都是参与者。

最后，我们的成功到底有什么基础？谁来享受我们的成就？

几年前，我曾以一首诗来探究这个问题。我们的参与及我们成功的地方，超越了我们的思想和行动，甚至超越了我们的生命。有些东西只是经过这里，在某处。

圆

一个圆圈关闭时,终点和起点合而为一,所以,我们生命的过去与未来,也是连接在一起的。

有个人关切地向一路上同行的人问道:"告诉我,我们算什么?"

另一个人回答道:"首先,我们活了一段时间,所以我们的生活有一个开启,而在那之前还有许多。而且,在结束时,很多又落回那众多之中,就像之前的样子。

"就像一个圆圈,当它关闭时,终点和起点合而为一,所以,我们生命的过去与未来,也是连接在一起的,仿佛时间在它们之间完全没有留下任何痕迹。因此,我们所拥有的就是现在。

"接下来,'现在'就会计算在这段时间内我们所做的事情。时间过了，它就会将我们驱逐，仿佛它属于另一个时代。而我们所信仰的，就会产生一定的影响力，就像工具般被拿起来，用来做远超过我们想象的事情，然后被放在一旁。

"最后，完成后，'现在'会把我们送走。"

这个人追问道："在我们的一生中，我们和我们所带的东西，在我们这一生结束时，到底要怎么算？"

对方说："以前和以后，算法都一样。"

他们的路并不相同。
而他们的时间，
同时暂停了。
然后，是一片沉默。